BEI GRIN MACHT SICH IHR WISSEN BEZAHLT

- Wir veröffentlichen Ihre Hausarbeit,
  Bachelor- und Masterarbeit

- Ihr eigenes eBook und Buch -
  weltweit in allen wichtigen Shops

- Verdienen Sie an jedem Verkauf

Jetzt bei www.GRIN.com hochladen und kostenlos publizieren

Ursula Mock, Doerthe Hellmuth

Teletubbies - Diskussion um eine Kinderfernsehserie

GRIN Verlag

Bibliografische Information der Deutschen Nationalbibliothek:

Die Deutsche Bibliothek verzeichnet diese Publikation in der Deutschen National-
bibliografie; detaillierte bibliografische Daten sind im Internet über http://dnb.d-
nb.de/ abrufbar.

Dieses Werk sowie alle darin enthaltenen einzelnen Beiträge und Abbildungen
sind urheberrechtlich geschützt. Jede Verwertung, die nicht ausdrücklich vom
Urheberrechtsschutz zugelassen ist, bedarf der vorherigen Zustimmung des Verla-
ges. Das gilt insbesondere für Vervielfältigungen, Bearbeitungen, Übersetzungen,
Mikroverfilmungen, Auswertungen durch Datenbanken und für die Einspeicherung
und Verarbeitung in elektronische Systeme. Alle Rechte, auch die des auszugsweisen
Nachdrucks, der fotomechanischen Wiedergabe (einschließlich Mikrokopie) sowie
der Auswertung durch Datenbanken oder ähnliche Einrichtungen, vorbehalten.

Impressum:

Copyright © 2005 GRIN Verlag GmbH
Druck und Bindung: Books on Demand GmbH, Norderstedt Germany
ISBN: 978-3-640-42474-0

Dieses Buch bei GRIN:

http://www.grin.com/de/e-book/134976/teletubbies-diskussion-um-eine-kinderfern-
sehserie

GRIN - Your knowledge has value

Der GRIN Verlag publiziert seit 1998 wissenschaftliche Arbeiten von Studenten, Hochschullehrern und anderen Akademikern als eBook und gedrucktes Buch. Die Verlagswebsite www.grin.com ist die ideale Plattform zur Veröffentlichung von Hausarbeiten, Abschlussarbeiten, wissenschaftlichen Aufsätzen, Dissertationen und Fachbüchern.

Besuchen Sie uns im Internet:

http://www.grin.com/

http://www.facebook.com/grincom

http://www.twitter.com/grin_com

Schriftliches Referat:

Teletubbies- Diskussion um eine Kinderfernsehserie

Vorgelegt im Seminar
„Medien im Alltag von Kindern und Jugendlichen- Herausforderungen für die
(Medien)pädagogik"

Universität Hamburg
Sommersemester 2005

Verfasser: Doerthe Hellmuth,Ursula Mock
Studiengang: Lehramt Grund- und Mittelstufe Kunst

Inhalt

1. Einleitung („Ah-Oh")

Die pummeligen, bunten Figuren eroberten rasend schnell die Herzen von vielen Kindern und selbst Erwachsene konnten sich gegen die Teletubbie- Manie nicht wehren. In der Presse wurde der Teletubbie-Trend stark diskutiert und oft als Beispiel angeführt, dass die Kinder von heutzutage „verdummen". Die Teletubbies mit ihrer verkindlichten Sprache wären ein Beispiel für den Sprachverfall der heutigen Zeit und in Australien wurde ihnen sogar vorgeworfen, dass sie Kindern die Homosexualität nahe bringen würden.

Was ist dran an diesen Vorwürfen? Verdummen Kinder wenn sie Teletubbies gucken und wie wirkt sich die Fernsehsendung auf das Sprachverhalten der Kinder aus? Was haben Studien zu diesem Thema vorzuweisen und wie sieht eine Teletubbie-Rezeption bei Kindern aus? Wie ist die Sendung aufgebaut und wie ist die Wirkung dieses Aufbaus?

In dem vorliegenden schriftlichen Referat sind wir diesen Fragen nachgegangen. Das Internationale Zentralinstiut des Jugend- und Bildungsfernsehen (IZI) hat allein zum Thema Teletubbies eine ganze Zeitschrift herausgegeben auf die wir uns hier hauptsächlich beziehen wollen.

Zunächst haben wir den Aufbau der Sendung referiert, um einen Überblick über die Sendung zu geben und sind danach auf das Rezeptionsverhalten von Kindern eingegangen (Punkt 2), das in einer Studie untersucht worden ist. In einem weiteren Punkt haben wir mögliche Gründe des Rezeptionsverhaltens der Kinder zusammengefasst.

Wichtig war uns im Zusammenhang dieses Referats auch die Reaktion der Eltern auf die Teletubbies, nachdem wir in Punkt 2 die Reaktion der Kinder geschildert haben. Aus dieser „Erwachsenenperspektive" war uns zudem wichtig, den Vorwurf des Sprachverfalls durch die Teletubbies zu untersuchen. Darauf folgt dann die Untersuchung der Geschlechterzuordnung der Teletubbies und die Welt, in der sie „leben". Welcher Klischees bedienen sich die Teletubbymacher und welche Klischees erfüllen sie nicht?

Als vierter Punkt folgen Daten der wirtschaftlichen Sichtweise auf die Teletubbies- das Merchandising, dass im Zusammenhang mit der Sendung stattfindet.

Das schriftliche Referat schließt ein persönliches Resümee ab.

2. Aufbau der Sendung

Die Sendung „Teletubbies" verläuft immer nach einem gleichen Schema. Dieses besteht aus acht Elementen und verbindenden Zwischenelementen. Dabei werden lediglich die Elemente 6 und 7 (Tänze und Animationen) variabel eingesetzt, so dass fast ein Viertel der Sendung immer identisch ist und somit Freiraum bietet für Handlung, Spiel und Mitmachen. Darauf soll aber später genauer eingegangen werden.

Folgende Tabelle zeigt den Ablauf der Teletubby-Sendung:

Vorspann
Kleine Geschichte
Auswahlverfahren
Bauchgeschichte mit Wiederholung
Große Geschichte im Teletubby-Land
Tänze
Animation
Verabschiedung

Im Vorspann geht die computeranimierte Sonne mit dem Babygesicht auf, die Teletubbies stellen sich vor und singen das Teletubby-Lied.

Die kleine Geschichte zeigt Spielsituationen der Teletubbies und ihrer Lieblingsgegenstände in ihrem Land, aus den Sprechtröten erklingen Lieder oder Reime. Darauf folgt das Auswahlverfahren, in dem das Teletubby ermittelt wird, in dessen Bauchfernseher anschließend die Bauchgeschichte mit Wiederholung gezeigt wird. Hierbei handelt es sich um Einspieler aus dem Alltag von drei- bis sechsjährigen Kindern, deren Erlebnisse mit Freunden Eltern oder Tieren.

Es folgt die große Geschichte im Teletubby-Land, stets eingeleitet durch eine Erwachsenenstimme mit: „Eines Tages im Teletubby-Land...". Hier werden alltägliche Begebenheiten der Protagonisten gezeigt, die sie gemeinsam erleben. Wie oben erwähnt, werden die Tänze und Animationen variabel eingesetzt. Dabei handelt es sich um Tänze, die die Teletubbies vorführen bzw. um Computeranimationen, die sie verfolgen.

Am Ende der Sendung verabschieden sie sich zweimal beim Zuschauer und springen winkend in den Hausberg. Die Babysonne geht unter.

Die Zwischenelemente trennen die einzelnen Phasen der Sendung durch einen Schwenk über die Hügel. Dabei erscheint immer die Babysonne.

4

3. Rezeptionsverhalten von Kindern

3.1. Untersuchung des Rezeptionsverhaltens von Kindern

Das IZI (Internationales Zentralinstiut des Jugend- und Bildungsfernsehen) führte1999 eine Studie mit Kindern von 1-6 Jahren durch, in der sie das Rezeptionsverhalten von Teletubbie-Sendungen untersuchten, aber auch die Meinung der Eltern über die Sendung. Wir werden im Folgenden die Ergebnisse der Untersuchung darstellen und uns auf den Teil des Rezeptionsverhaltens der Kinder beschränken. Hierzu nehmen wir Bezug auf einen Artikel von Maya Götz (aus der Zeitschrift Televizion, 1999). In der Studie wurden 40 Kinder bei zwei bis drei „Teletubbi-Rezeptionen" gefilmt. Auffällig war dabei, dass die Kinder in der Rezeption sehr aktiv sind. Maya Götz hat diese Aktivität in acht Kategorien geteilt:

- **Erklären, Bemerken, Kommentieren**: die Kinder kommentieren die Sendung oder erklären ihren Eltern etwas
- **Mitsprechen/ Mitsingen**: Kinder sprechen und singen immer wiederkehrende Passagen mit
- **Verfolgen**: Die Konzentration oder das „wie gebannt auf den Fernseher schauen" wurde bei einhalb Jahre alten Kindern noch nicht beobachtet. Bei den schon älteren Kindern konnte man sehen, dass sie Zeitweise, besonders bei den Einspielern, die Sendung konzentriert verfolgen.
- **Antworten**: Es kommt sehr häufig vor, dass Kinder auf die Antwort-Aufforderung der Sendung reagieren , z.B. bei der Begrüßung und Verabschiedung
- **Vorhersagen/Vorwegnehmen**: Kinder nehmen nach wenigen Sendungen schon die Handlung vorweg, denn sie wissen, was als Nächstes geschehen wird.
- **Mittanzen, Bewegen**: „Kinder winken, tanzen und springen auf dem Sofa oder legen sich auf den Boden, um mit den Beinen zu strampeln." (Götz, 1999). Dieser Teil des Rezeptionsverhaltens ist besonders überraschend. Die Kinder eignen sich Bewegungsabläufe von den Figuren an, entwickeln aber auch eigene Abläufe, die auch zum Ritual werden können.
- **Nachfragen**: Manchmal fragen die Kinder ihre Eltern nach tiefer gehenden Zusammenhängen, die sie nicht verstehen.
- **Spiele während der Rezeption**: Viele Kinder benutzen die Sendung auch als Begleitmedium für ihr Spielen. Sie scheint die Kinder zeitweise dazu anzuregen, neben der Sendung auch zu spielen.

Die Aktivität der Kinder teilt sich also in drei Bereiche: einmal die Bewegungsaktivität, die sprachliche Aktivität und die Spielaktivität neben dem Fernseher. Auffallend war, dass gerade die Bewegungsaktivität bei jedem Kind beobachtet werden konnte. Wir werden im Folgenden noch einmal drei Beispiele aus den drei Bereichen geben, in denen die Aktivität der Kinder geschildert wird.

Bewegungsaktivität

Lara (2 ½): „Als die Teletubbies ihren Einzelauftritt haben, imitiert sie die jeweils prägnantesten Bewegungsmuster. Beim Weglaufen der Figuren läuft sie schnell im Kreis. Mit dem Erklingen des Satzes "Wo sind die Teletubbies hin?" läuft Lara, den Satz mitsprechend,  zurück zum Sofa. Hier sitzt sie still, imitiert vor allem die Sonne und spricht besondere Teile mit. Als die Windmühle sich dreht, um einen Teletubby für die Bauchgeschichte auszuwählen, springt sie vom Sofa, läuft vor den Fernseher und legt sich wie die Teletubbies auf den Boden, um mit den Beinen zu strampeln. Anschließend steht sie auf, stemmt die Hände in die Lenden und drückt den Bauch heraus, während sie die Namen der Figuren mitspricht."

Sprachaktivität

„In der ersten Szene nach dem Anfangslied ist der Innenraum des Iglus zu sehen. Die Tür öffnet sich, es ist jedoch noch niemand zu entdecken. Anne (3 Jahre) sagt: "Hier kommt der Dipsy, kommt ins Haus." Po, Laa-Laa und Dipsy betreten den Raum. Anne erklärt: "Dipsy, und Laa-Laa und Po und Dipsy." Die drei Teletubbies kommen in den Vordergrund und grüßen die Zuschauenden mit "Ah-Oh". Anne antwortet "Ah-Oh". Tinky Winky kommt ins Bild, stellt sich neben die anderen, zeigt ihnen einen Tubbytoast und sagt: "Hier!", was die anderen mit "Oh, da!" beantworten. Anne erkennt abermals, worum es geht und sagt: "Toasti". Tinky Winky sagt "Tubbytoast, Tubbytoast". Anne springt begeistert in ihrem Sessel auf und ab und ruft lachend zu ihrer Mutter gewendet: "Tubbytoast, Tubbytoast!"“

Spielaktivität:

„Tobias (6 Jahre) und seine Schwester (1 Jahr) sehen regelmäßig die "Teletubbies". Mehrfach stupsen die beiden sich vorsichtig mit der Nase an und kugeln gemeinsam über das Sofa. Gelegentlich verfolgen beide aufmerksam die Sendung. Dann holt Tobias seine drei "Saban-Plastik-Figuren" heraus und spielt mit ihnen: "Ich kämpfe, du wirst jetzt böse. Schnell! Du musst Dich retten." Kurz sieht er wieder auf den Bildschirm und erklärt der Mutter die Zusammenhänge. Dann vertieft er sich wieder in sein Spiel auf und unter dem Sofa. Als die Mutter dies mitbekommt und fragt, ob sie den Fernseher ausstellen soll, verneint Tobias sehr bestimmt."

Was regt die Kinder dazu an, sich so aktiv am Fernsehgeschehen zu beteiligen? Wir werden nun zunächst ein paar Faktoren nennen und uns danach ausführlicher mit dem Programmablauf beschäftigen.

Was bei den Teletubbies zunächst sehr auffällt sind die bunten Farben und die Figuren, die den Dreh- und Angelpunkt der Sendung ausmachen. Auch die Figuren haben eindeutige Farben und Wiedererkennungsmerkmale. Außerdem entsprechen sie dem „Kindchen-Schema", d.h. sie haben große Augen und eine hohe Stirn. Auch ihre molligen Leiber mit den kurzen Beinen und dem dicken, runden Bauch könnte man dem Kindchen-Schema zuordnen und reizen zum Anfassen. Auch die Bewegungsabläufe macht die Figuren interessant.

3.2. Mögliche Begründungen des gezeigten Rezeptionsverhaltens

Das oben genannte Rezeptionsverhalten der Kinder lässt sich aus verschiedenen Faktoren erklären. Zunächst ist festzustellen, dass sich die Sendung durch Farben, Töne, ruhige Schnittrhythmen und langsame Kameraschwenke auszeichnet. Das Gezeigte ist stark vereinfacht und an die Wahrnehmung und das Aufmerksamkeitsvermögen von Kindern angepasst. Die Kameraperspektive lässt dem Betrachter viel Raum, da sie nicht focussierend ist. Es wird genügend Zeit zur Verfügung gestellt, sich auf dem Gesehen auszuruhen, es zu verfolgen oder, je nach Motivation, es sogar zu überholen. Zudem sind die Einstellungen der Kamera stets der Augenhöhe, sprich der Sichtweise der Kinder angeglichen.

Die Dokumentarfilme (die Bauchgeschichten) stellen Bezüge zum eigenen Leben her. Deren Wiederholung bietet Gelegenheit, auch die Welt als Wiederholung zu verstehen, was dem kindlichen Denken entspricht: wiederholen, was Freude gemacht hat. Auch besteht hier die

Möglichkeit, die Dinge noch einmal mit anderen Augen zu betrachten, neue Aspekte zu entdecken.

Die genannten Bedingungen der Sendung ermöglichen den Kindern ein Gefühl von Kompetenz. Durch die feste Struktur ist ihnen schnell bekannt, was als nächstes geschehen wird, und so wird es ihnen ermöglicht, beispielsweise mitzusprechen, etwas vorwegzunehmen, mitzusingen/-tanzen usw.

Bei der Rezeption werden aber auch Kommunikationsformen aktiviert. Die Sendung verleitet dazu, das Gesehene zu erklären oder zu kommentieren, zu antworten oder Gesehenes im Spiel zu integrieren. Elemente wie z.B. die Tänze entlassen die Kinder vom Bildmagneten, weil sie mitmachen, anstatt nur zu schauen. Sie sehen sich nicht gezwungen, ausschließlich der Handlung zu folgen und nehmen während der Sendung unterschiedliche Rezeptionsräume wahr. (vgl. oben genannte Rezeptionsbeispiele)

Diese Aspekte verursachen eine lange Aufmerksamkeitsspanne und eine emotionale (Ein-) Bindung der Kinder.

Nicht zuletzt ist hierbei auch das gemeinschaftliche Handeln der Teletubbies ein wichtiger Punkt. Während Kinder dieser Altersklasse oftmals egoistisches Verhalten („das ist meins", „ich will als Erster") aufzeigen, so finden die Erlebnisse der Teletubbies immer in der Gemeinschaft statt. Konkurrenzverhalten ist hier nicht zu finden.

Die Formen und das Verhalten der Teletubbies sind babyhaft. Auch hier ist noch einmal der Aspekt Kompetenz anzuführen, denn „babyhaft sein" ist eine Altersphase, derer die Zuschauer schon entwachsen sind, derer sie sich schon überlegen fühlen können.

Franz Josef Röll (Röll, 2001) nennt dies „Positive Regression". Kinder haben die Möglichkeit, für kurze Zeit in eine verflossene Altersphase zurückzukehren. Hierbei finden sie zu Selbstidentität, können alte und neue Standpunkte einnehmen und verstehen, um daraufhin neue Wege auszuprobieren. Vergleichbar wäre hier auch das „Mutter und Kind"-Rollenspiel, bei dem man verschiedene Sichtweisen spielerisch erprobt.

Das Lernen findet bei den Teletubbies also nicht kognitiv-rational statt, sondern symbolhaft-assoziativ.

4. Die „Erwachsenenperspektive"

4.1. Reaktion der Eltern auf die Sendung

In Deutschland war die Teletubby-Sendung schon recht schnell nach erstem Ausstrahlen umstritten. Eltern können die Begeisterung der Kinder nicht nachvollziehen, empfinden den Gehalt der Sendung und ihre Figuren als fragwürdig. Das IZI und der Provider AOL führten 1999 Umfragen durch, auf die wir uns im Folgenden beziehen möchten, um die wichtigsten Pro- und Contra-Argumente aufzuzeigen.

Zunächst lässt sich feststellen, dass die Meinungen der Eltern in drei Gruppen aufzuteilen ist. Ein Teil der Befragten lehnt die Sendung durchweg ab, andere können den Teletubbies selbst nichts abgewinnen, nehmen aber den Geschmack der Kinder hin, der dritte Teil bewertet die Sendung positiv. Die Positionierung der Eltern lässt sich immer aus dem eigenen Kontext der Sicht über die Gesellschaft und natürlich aus eigenen Vorstellungen von Erziehung begründen.

Die häufigsten Contra-Argumente sind:
  ° Kinder in diesem Alter gehören überhaupt nicht vor den Fernseher (Fernseher als Babysitter, „Parken" vor dem Fernseher)
  ° die Sprache der Teletubbies ist ungeeignet, führt gar zu Sprachstörungen
  ° die Teletubbies führen zu Verdummung
  ° Anspruchslosigkeit, fehlende Bildungsinhalte der Sendung; ist nicht lehrreich wie z.b. „Sesamstrasse" oder „Die Sendung mit der Maus", mit denen man selbst gute Kindheitserfahrungen gemacht hat
  ° die Teletubbies sind bloße Vermarktung der Kinder
Die häufigsten Pro-Argumente sind:
  ° die Kinder konzentrieren sich
  ° die Sendung ist gewaltfrei
  ° die Sprache ist nicht gefährlich für die Sprachentwicklung, fördert sie sogar
  ° die Teletubbies machen den Kindern Spaß
  ° die Sendung ist lehrreich, pädagogisch wertvoll (sogar besser geeignet als z.B. Sesamstrasse)
  ° man muss den Geschmack der Kinder nachvollziehen oder zumindest akzeptieren

4.2. Die Sprache der Teletubbies

Einer der wichtigsten Diskussionspunkte in der Debatte um die Teletubbies ist der Aspekt der dargestellten Sprache. Die Eltern sorgen sich, dass ihre Kinder Rückschritte in der Sprachentwicklung machen, andere empfinden sie als kindgerecht.

Dabei bezieht man sich meist auf die Sprache der Protagonisten, Sprache findet in der Sendung aber auf drei unterschiedlichen Ebenen statt, die eng miteinander verknüpft sind.

° Erwachsenen-Stimmen (Erwachsenenwelt):

Ein erwachsener Sprecher leitet die Szenen ein, spricht mit den Teletubbies, beschreibt ihr Handeln. Lieder und Reime werden von Erwachsenen vorgetragen in einfachen, kurzen Satzkonstruktionen und in hochdeutscher Aussprache.

° Bauchgeschichten (Kinderwelt):

Im Mittelpunkt stehen Kinder, die sprechen oder aus dem OFF in Sprachschatz und Artikulationsfähigkeit ihres Alters kommentieren.

° Teletubbies selbst (Fantasiewelt):

Die Teletubbies benutzen Sprachfragmente zum Ausdruck ihrer eigenen Befindlichkeit. Verkürzungen von Worten oder Satzkonstruktionen bestimmen ihr Sprechen, selten sagen sie vollständige Sätze. Sie lassen Verben und Artikel aus.

Hieraus lässt sich schließen, dass die Sendung mehr zu bieten oder aber weniger Einfluss auf die Sprachentwicklung hat, als man im ersten Eindruck annehmen könnte. Im Folgenden möchten wir uns auf Gisela Szagun (Szagun, 1999) beziehen und zunächst einmal den kindlichen Spracherwerb aufzeigen.

Kinder lernen ihre Muttersprache nebenbei und „von selbst" durch Hören und durch das Teilnehmen an Gruppen. Der Mensch ist genetisch so determiniert, dass er Sprache automatisch „erwirbt", anstatt sie mühevoll erlernen zu müssen.

Ab ca. 8 Monaten lernt ein Kind Sprache, ab etwa 16 Monaten wird dieser Prozess verstärkt. Das menschliche Gehirn schafft Bedingungen, dass ein Kind mit Symbolen (hier: Wörter) umgehen, Wörter im Gedächtnis speichern und kombinieren kann. Dies ist ein anderer Prozess als z.B. das mühevolle Erlernen einer Fremdsprache in späteren Jahren oder auch als das Erlernen eines Instrumentes, welche bewusste Lernprozesse beanspruchen.

Diese genetischen Spracherwerbsprozesse lassen sich nicht rückgängig machen oder beeinflussen, es sei denn, das Gehirn würde geschädigt, z.B. bei einem Unfall, oder es läge ein genetischer Defekt vor. Auch Schädigungen des Gehörs können diese Prozesse beeinflussen. Geht man aber vom gesunden Kind aus, so wird Sprache also nicht verlernt.

Kinder lernen Sprache durch ihr meist erwachsenes Umfeld. Sie sind Tag für Tag mit der Regelhaftigkeit, der grammatischen Ordnung, dem Satzbau usw. ihrer Muttersprache konfrontiert und übernehmen nicht nur Wörter mühelos und automatisch in ihr Sprachrepertoire, sondern ebenso die zugehörigen Regeln. Auch Erwachsene sind sich der grammatikalischen Form ihrer Sprache nicht bewusst; sie gebrauchen sie einfach, denn die Aufmerksamkeit beim Sprechen liegt meist auf der Kommunikation, nicht bei der Regelhaftigkeit.

Zur Sprachentwicklung gehören gleichfalls Dialekt oder andere Formen von Sprachsubkulturen, z.B. die der Jugendsprache. Diese Faktoren haben etwas mit dem Zugehörigkeitsgefühl zu einer Gruppierung und der impliziten Identifizierung zu tun. Aber auch die Alltagssprache ist veränderbar und voller Fehler. Deutlich wird dies am Beispiel des Zusammenziehens von zwei Wörtern: „haste" statt „hast du", „dreh´n" statt „drehen". Dies ist im hochdeutschen Sinn nicht korrekt, wird aber im Alltag angewendet und bedeutet lediglich eine Alternative zur richtigen Ausdrucksweise, genauso, wie es für verschiedene Wörter auch Wortalternativen (oder auch fremdsprachliche Vokabeln) gibt: z.B. „Grüß Gott" oder „Guten Tag" statt „Hallo".

Diese Aspekte sind für Kinder relevant in Hinsicht auf die Teletubbies. Da sie sich mit der Welt der Teletubbies identifizieren können und wollen, versuchen sie, die in der Sendung neu gelernten Wörter auch in ihren Alltag zu integrieren und die Teletubbies mit ihrer Sprache als Spielanlass zu nutzen. Hierbei sind diese Vokabeln, die in den Ohren der Erwachsenen oftmals so rückschrittlich klingen, lediglich als eine Erweiterung des Sprachrepertoires und nicht als schädlich zu betrachten.

Außerdem ist die Häufigkeit des Hörens von Erwachsenensprache im Alltag um vieles größer als das Sprechen der Teletubbies. Somit ist der negative Einfluss auf die Entwicklung ausgeschlossen, wenn man sich in Erinnerung ruft, dass das Sprechen der Kinder „von selbst" geschieht und nicht verlernt werden kann.

Auch gibt es äußerst positive Erlebnisse mit der Sendung zu vermerken. -Bei einer Familie mit 4 Kindern, die aus beruflichen Gründen mehrere Monate in Spanien verbringen muss, werden die Teletubbies zum Lernen der ersten spanischen Wörter genutzt: 'Das Ergebnis waren 3 Kleinkinder, die binnen 2 Tagen anfingen, Spanisch zu sprechen (z.B.: ist das mein pelota?) (Cornelia 29.08.1999) (S.12, Götz, 1999)

4.3. Geschlechter der Teletubbies

Im Rahmen der Teletubbie- Diskussion war neben der Sprache der Teletubbies immer wieder auch deren Geschlechterzugehörigkeit zum Thema gemacht. In Australien warfen Zeitungen den Teletubbies vor, Homosexualität zu propagieren (vgl. Howard und Roberts, 1999). Was ist an diesen Vorwürfen dran und woher kommen sie? Wir werden nun im Folgenden die einzelnen Figuren und deren Geschlechterzuordnung diskutieren

Wie schon oben erwähnt sind die Figuren ein wesentlicher Bestandteil der Sendung, um den sich alles dreht. Sie sind ausgestattet mit eindeutigen Wiedererkennungsmerkmalen, wie Farbe und Größe. Jeder Teletubbie hat zudem ein Zeichen auf dem Kopf und seinen eigenen „Charakter", der sich in der Bewegung der einzelnen Tubbies zeigt, aber auch in dem, was sie tun oder lieben. Jedem Teletubbie ist z.B. ein Gegenstand zugeordnet. Wir werden nun im Folgenden die Teletubbies nacheinander vorstellen und ihre „Charaktereigenschaften" herausarbeiten und diskutieren, welchem Geschlecht sie zugeordnet werden könnten und was vielleicht so etwas wie ein „Thema" des einzelnen Teletubbies sein könnte.

Laa Laa

Laa Laa ist der gelbe Teletubbie und man kann sagen, dass sie dem Klischee Teletubbie-Mädchen entspricht, denn sie bewegt sich wie eine Ballerina und auch ihr Körperstand ist typisch weiblich (vgl. Götz,1999). Auch ihr Name spricht dafür, weil er auf die weibliche Endung a endet. Sie zeichnet sich dadurch aus, dass sie viel singt und tanzt und gern mit Dipsy zusammen ist (vgl. Döll). Dazu passt auch, dass der Ball ihr

Lieblingsspielzeug ist.

Dipsy

Die Körpersprache von Dipsy ist breitbeinig und zeichnet sich durch expressive und energische Gesten aus (vgl. Götz,1999). Dies macht Dipsy zu einem männlichen Teletubbie. Die Figur Dipsy ist außerdem die zweitgrößte Figur. Dipsy zeichnet sich dadurch aus, dass er auch mal von den anderen Teletubbies weggeht und alleine sein möchte (vlg. Döll). Sein Musikgeschmack ist eher rockig. Auffallend ist, dass er als Zeichen auf dem Kopf, ähnlich wie Laa Laa nur eine Art Antenne hat, was man als männliches Symbol auffassen könnte.

Po

Po ist der kleinste Teletubbie und nicht eindeutig zu einem Geschlecht zuzuordnen. Seine Farbe rot spricht für eine weibliche Zuordnung, wie auch der Kreis auf seinem Kopf, das man als weibliches Symbol sehen könnte. Po hüpft und springt sehr gerne und ist sehr pfiffig (vgl. Döll). Der Roller, der der Lieblingsgegenstand von Po ist, kann nicht eindeutig einem Geschlechterklischee zugeordnet werden. Auf der deutschen Homepage der Teletubbies wird Po als Mädchen bezeichnet (vgl. Döll), allerdings sind sich Kinder bei der Geschlechterzugehörigkeit von Po nicht einig. „Werden Ältere Kindergartenkinder und Grundschüler/innen direkt auf die Figur angesprochen, so formulieren sie, dass Po ein Mädchen ist. wenig später, in den Nacherzählungen besonders spannender Folgen, sprechen sie jedoch schon wieder von ihr in der maskulinen Form." (S.12, Götz 1999).

Tinky Winky

Tinky Winky ist der größte Teletubbie, zeichnet sich durch tapsige Bewegungen aus und ist zurückhaltender in der Gestik als die anderen Teletubbies. Sein Zeichen auf dem Kopf ist ein Dreieck. Der Gegenstand, dem Tinky Winky zugeordnet ist, ist eine rote Handtasche, ist geschlechtertypisch gesehen ein weibliches Accessoire (vgl. Götz, S.11). Hier erweitern sich die Geschlechterverständnisse, denn Tinky Winky wird eigentlich eher dem männlichen Geschlecht zugeordnet. Götz schreibt hierzu: „Für Erwachsene ist die Figur Tinky Winky mit seiner Handtasche verwirrend. Nicht nur Reverend Falwell, sondern auch eine Reihe von Müttern in der Umfrage fühlen sich von dieser Kombination gestört. Die Vorstellung, ein Mitglied der dominanten Gruppe (Männer) würde sich freiwillig ein Accessoire der subdominanten Gruppe (Frauen) aneignen, paßt nicht in ihr Deutungsmuster, es sei denn im Kontext einer abweichenden "Männlichkeit" (subdominante Gruppe Männer mit homosexueller Orientierung)." (Götz 1999, S.12).

Man kann also bei den Teletubbies feststellen, dass die Geschlechterklischees erweitert werden und mit ihnen gespielt wird, indem typische Dinge kombiniert werden, die durch ihre Kombination nicht einem einzigen Geschlecht zugeordnet werden kann. Interessant ist in diesem Zusammenhang auch, welche die Lieblingsteletubbies der Kinder sind. Götz stellt heraus, dass sich das Interesse der Kinder „nicht automatisch auf die gleichgeschlechtliche Figur"(Götz 1999, S.12) richtet. Nach einer Aufforderung, ein Teletubbie zu sein, wollen die Mädchen „vor allem Laa Laa, aber auch Po, Tinky Winky und in einem Fall Dipsy sein" (Götz 1999, S.12). Bei den Jungen „wird vor allem Po, manchmal Tinky Winky und Laa-Laa, in wenigen Fällen Dipsy gewählt" (Götz 1999, S.12).

5. Merchandising

Die Sendung der Teletubbies wurde in Großbritannien vom BBC gedreht und wurde schon in über 60 Länder verkauft. Programmstart war in Deutschland am 28.2.1999 auf dem Kinderkanal der ARD/ZDF (vgl. IZI 1999). Zu der Sendung Teletubbies gibt es weltweit über 100 Merchandising-Produkte.

Im Folgenden nehmen wir Bezug auf den Artikel von David Buckingham in der Zeitschrift Televizion 12/1999.

Das Geld verdienen mit den Teletubbies teilt sich dabei für die BBC in zwei Bereiche. Einmal gibt es den Bereich der Dinge, die man zu der Sendung kaufen kann, Z.B. Puppen, Kalender, Untersetzer u.a. Auf der anderen Seite gibt es die Geldeinnahme, indem die BBC das Programm an andere Sender in anderen Ländern verkauft. Für beide Bereiche eigneten sich die Teletubbies besonders gut.

Für das Spielzeug-Merchandising gibt es einige Faktoren, die man beachten sollte, wenn man eine Sendung macht, damit sie sich besser verkauft: Zunächst ist es potentiell

immer besser keine echten Schauspieler zu nehmen, denn dann können die „Helden"
der Sendung besser als Puppen hergestellt werden. Zudem ist es leichter sie in anderen
Sprachen zu synchronisieren. Zudem ist eine Figurengruppe immer besser als eine
einzelne Figur, wegen dem Sammeleffekt, den man dann beim Merchandising ausreizen
kann. Dazu ist es gut, wenn ein Programm eine einheitliche Optik hat, d.h. die Farben,
Designmerkmale und Grafik einheitlich und eigentümlich ist, damit sie in Schaufenstern
und im Verkauf einen hohen Wiedererkennungswert hat.

Die Frage hierbei ist, inwieweit solche Faktoren eine Sendung schon in der Produktion
beeinflussen. Die Teletubbies waren von Anfang an eine groß angelegte Merchandising-
Kampagne.

Auch für das Verkaufen der Sendung in andere Länder bieten sich bestimmte
Sendungen besser an. Z.B. sind kulturspezifische Programme schwieriger zu verkaufen,
d.h. also auch Programme mit echten Menschen, weil diese schnell durch Hautfarbe,
Kleidung und Umgebung kulturspezifisch werden. Puppen haben hier eine größere
Chance. Wenn die Sendung zudem eine Struktur hat, die mit Einspielern arbeitet,
können diese Einspieler in anderen Ländern durch eigene Einspieler ersetzt werden. Bei
den Teletubbies waren dies z.B. Einspieler, in denen die Kinder Schuluniformen
anhatten, die es in Deutschland nicht gibt. Diese wurden dann durch eigene
Produktionen der Einspieler ersetzt. Auch die Sesamstraße hat eine solche Struktur und
auch wegen diesem Faktor international marktfähiger als andere Produkte.

Es gibt also zwei Bereiche, die marktwirtschaftlicher Natur sind und bei der Produktion
vermutlich schon in die Sendung mit eingeflossen sind. Hier setzt die Kritik an, denn
viele Menschen sehen dort ein Problem, dass Kinder verrückt nach Konsumgütern sind
und eine solche Sendung bestimmten Kriterien entsprechen muss, damit sie sich auf
dem internationalen Markt behaupten kann. Nach Buckingham wird allerdings auch
häufig vergessen, dass es bei Erwachsenen genauso ist.

6. Literatur und Abbildungsverzeichnis

Literatur

Buckingham, David (1999): Verwischte Grenzen -„Teletubbies" und Kindermedien. In: Televizion, 1999, Heft Nr. 12/99.

Döll, Frank (2005): Hier sind die Teletubbies. Online abrufbar unter: www.teletubies.de [abgerufen am 02.05.2005].

Götz, Maya (1999): Begeisterung bei den Kindern, Besorgnis bei den Eltern. In: Televizion, 1999, Heft Nr. 12/99.

Howard, Sue; Roberts, Susan (1999): Moralpanik. In: Televizion, 1999, Heft Nr. 12/99.

Internationales Zentralinstitut für Jugend- und Bildungsfernsehen, IZI (1999): Die Welt der "Teletubbies". In: Televizion, 1999, Heft Nr. 12/99.

Röll, Franz Josef (2001): Zur Symbolsprache der Teletubbies-Sendungen In: Neuß, Norbert/Koch, Claus (Hrsg.): Teletubbies & Co- Schadet Fernsehen unseren Kindern? Weinheim und Basel: Beltz-Verlag, S.79-92.

Szagun, Gisela (2001): Verlernen Kinder durch die Teletubbies richtig zu sprechen? In: Neuß, Norbert/Koch, Claus (Hrsg.): Teletubbies & Co- Schadet Fernsehen unseren Kindern? Weinheim und Basel: Beltz-Verlag, S.71-78.

Abbildungen

Abbildung auf Seite 6: Götz, Maya (1999): Begeisterung bei den Kindern, Besorgnis bei den Eltern. In: Televizion, 1999, Heft Nr. 12/99.

Abbildungen auf Seite 12,13: Döll, Frank (2005): Hier sind die Teletubbies. Online abrufbar unter: www.teletubies.de [abgerufen am 02.05.2005].